BEI GRIN MACHT SICH IHR
WISSEN BEZAHLT

Welche Beziehung haben wir zu Computern und wie können wir mit ihnen kommunizieren? Die Entwicklung von NLP, Chatbots und VUI und wie sie in den User-Alltag integriert werden

Brigida Di Mitrio

Bibliografische Information der Deutschen Nationalbibliothek:

Die Deutsche Nationalbibliothek verzeichnet diese Publikation in der Deutschen Nationalbibliografie; detaillierte bibliografische Daten sind im Internet über http://dnb.d-nb.de abrufbar.

ISBN: 9783346584854
Dieses Buch ist auch als E-Book erhältlich.

Druck und Bindung: Books on Demand GmbH, Norderstedt Germany
Gedruckt auf säurefreiem Papier aus verantwortungsvollen Quellen

Das vorliegende Werk wurde sorgfältig erarbeitet. Dennoch übernehmen Autoren und Verlag für die Richtigkeit von Angaben, Hinweisen, Links und Ratschlägen sowie eventuelle Druckfehler keine Haftung.

Das Buch bei GRIN: https://www.grin.com/document/1168351

Rheinische Fachhochschule Köln
Fachbereich Medien BMD
Interaction Design WS 20/21

Welche Beziehung haben wir zu Computern und wie können wir mit ihnen kommunizieren?

Die Entwicklung von NLP, Chatbots und VUI und wie sie in den Alltag von Nutzer:innen integriert werden

Brigida Di Mitrio

Fachsemester: 3
Abgabe: 01.03.2021

Inhaltsverzeichnis

1. Einleitung 3

    1.1 Relevanz 3

    1.2 Ziel der Hausarbeit 3

2. Künstliche Intelligenz und Machine Learning 5

3. NLP 6

    3.1 Erläuterung 6

    3.2 NLP Phasen 6

    3.3 NLP Anwendungen 8

4. Conversational Interfaces 8

    4.1 Chatbots Intelligenzstufen 9

    4.2 Chatbots im Kundenservice 10

5. VUI und Smart Assistenten 15

    5.1 VUI Definition 15

    5.2 Anwendung 15

    5.3 Vor- und Nachteile 16

    5.4 Virtuelle Lernhilfe 17

    5.5 Perspektive 19

6. Fazit 20

7. Anhang 21

    7.1 Abbildungsverzeichnis 21

    7.2 Literaturverzeichnis 21

    7.3 Quellenverzeichnis 22

1. Einleitung

Wie ist es möglich, auf unserer Sprache mit Computern zu kommunizieren? Im Hinblick auf die letzten 76 Jahre[1], hat sich in der Entwicklung von Natural Language Processing (NLP) eine Menge getan. Die vorliegende Hausarbeit beschäftigt sich mit der Entstehung von Chatbots und der Fähigkeit natürliche Sprache zu verstehen. Besonders im Fokus steht dabei das Verfahren von Natural Language Processing.

1.1 Relevanz

In der Zukunft ist eine steigende Interaktion zwischen Mensch und Maschine abzusehen. Je früher man sich mit dem Verhalten von künstlichen Intelligenzen (KI) auseinandersetzt, desto intuitiver werden wir uns mit ihnen verständigen können. Daraus resultiert eine effizientere und unkompliziertere Zusammenarbeit. Als Designer sind wir dafür verantwortlich, herauszufinden, welche Aspekte der zwischenmenschlichen Kommunikation auf künstliche Intelligenzen übertragbar sind, um die User Experience (UX) zu verbessern.

1.2 Ziel der Hausarbeit

Zu klären ist, welche Auswirkungen Maschinen und die Interaktion mit ihnen, auf Menschen haben können. Verschiedene Faktoren müssen optimiert werden, damit Maschinen wirksamer im Alltag genutzt werden können. Zudem ist es interessant zu untersuchen, wie sie mit Nutzer:innen kommunizieren und welche Vor- oder Nachteile hat.

---

[1] Vgl. Kumar, Ela: Natural Language Processing (English Edition), New Delhi, Indien: IK International Publishing House, 2013.

„A computer would deserve to be called intelligent if it could deceive a human into believing that it was human"
- Alan Turing, 1950[2].

---

[2] Vgl. Reporter, 2017.

2. Künstliche Intelligenz und Machine Learning

Um ein Verständnis rund um das Thema Künstliche Intelligenz aufbauen zu können, muss zunächst geklärt werden, wo es herkommt und worauf es basiert. Künstliche Intelligenz (KI) oder auch im eng. Artificial Intelligence (AI) genannt, ist ein Teilgebiet der Informatik, dessen Ziel es ist menschliches Lernen und Denken auf Maschinen zu übertragen. Es soll dazu in der Lage sein, eigenständig bzw. mit wenig menschlicher Hilfe zu arbeiten[3]. Damit jedoch eine Maschine lernen kann, ist es notwendig, dass diese Machine Learning (engl. für= Maschinelles Lernen) beherrscht. So kann es datenbasierte Aufgaben durch dessen Lernen ausführen. Es lernt Prozesse und Muster zu erkennen und ausgefeilte Algorithmen zu erstellen. D. h. je mehr Daten zur Verfügung gestellt werden desto mehr Muster können erfasst und Probleme gelöst werden. Unter das genannte Machine Learning fallen Anwendungen wie selbstfahrende Autos, Bilder- und Gesichtskennung und die Bestimmung der Relevanz von Suchergebnissen in Suchmaschinen[4].

Im Alltag werden künstliche Intelligenzen meist auf Mobiltelefonen, in Suchmaschinen, Autos und Smart Assistenten genutzt. Meistens, um Smart Home Applikationen zu steuern, nach dem Wetter zu fragen oder sich den kürzesten Weg zur Tankstelle anzeigen zu lassen[5]. Für Alltägliches helfen solche Smart Assistenten kleine und umständliche Dinge schneller zu erledigen. All dies setzt voraus, dass Menschen von Computern verstanden werden.

Die konventionelle Art sich mit einem Rechner zu verständigen geschieht durch eine formale Sprache. Diese speziellen Sprachen werden von Informatiker:innen, Programmierer:innen und Spezialist:innen genutzt, für den Laien sind sie aber nicht interessant. Solch eine Sprache zu beherrschen benötigt viel Übung und Zeit[6]. Zudem ist es von Nachteil, dass Computersprachen wie z.B. Python, Java oder HTML keine Fehler im Script tolerieren. Sobald ein Rechtschreib-, Grammatik- oder Syntaxfehler vorliegt, versteht der Computer nicht was von ihm verlangt wird und kann die gewünschte Aktion nicht ausführen[7]. Demnach sind solche Computersprachen nicht sehr Benutzerfreundlich und nicht intuitiv oder schnell zu nutzen. Zudem ist das Vokabular eines Computers ein begrenztes und nicht mit dem eines Menschen zu vergleichen. Der Unterschied zu unserer menschlichen oder auch natürlichen Sprache ist enorm. Menschen verfügen über einen beträchtlichen und umfangreichen Wortschatz. Wörter können verschiedene Bedeutungen, Menschen unterschiedliche Akzente oder Dialekte haben und sich trotz Sprachfehler oder diverser Einschränkungen verständigen.

---

[3] Vgl. WBF, 2020.
[4] Vgl. Machine Learning - Quick Guide - Tutorialspoint, o. J.
[5] Vgl. Artificial Intelligence - Quick Guide - Tutorialspoint, o. J.
[6] Vgl. Kumar, 2013, S. 3.
[7] Vgl. CrashCourse, 2017.

Menschen machen zudem einige Fehler im Satzbau, versprechen sich, reden undeutlich oder kommunizieren mit vielen Emotionen, welche die Bedeutung des Gesagten manipulieren können. Trotz all diesen Hürden hat der Durchschnittsmensch keine Schwierigkeiten sich mit seinen Mitmenschen zu verständigen[8].

3. NLP

3.1 Erläuterung

Natural Language Processing oder auch NLP beschäftigt sich genau mit diesem Problem. Dieses Teilgebiet der Künstlichen Intelligenz wird auch Computer Linguistik genannt und setzt sich mit der Übersetzung der menschlichen (natürlichen) Sprache in die eines Computers auseinander. Computer sollen dabei Gesagtes und Geschriebenes der natürlichen Sprache verstehen und verarbeiten können[9].

In 1945 bewegte sich Warren Weaver[10] erstmals im Bereich des NLP. Dabei arbeitete er mit Machine Translation (MT), ein Übersetzungsprogramm welches Russisches ins Englische übersetzten konnte. Ziel war es, Teile eines Textes akkurat und schnell übersetzten zu können. Anfangs gab es Schwierigkeiten und erste Ergebnisse entsprachen eher einer Wort-für-Wort Übersetzung. Zum Beispiel wurde der Biblische Satz „The spirit is willing but, the flesh is weak" („Der Geist ist willig, aber das Fleisch ist schwach") erst ins Russische und dann wieder ins Englische übersetzt. Dies führte zu „The vodka is good but the meat is rotten" („Der Wodka ist gut, aber das Fleisch ist faul"). Demnach war die Anwendung für einzelne Wörter praktisch, für vollständige Sätze oder Texte aber nicht nutzbar. Seit 1945 hat sich das NLP Verfahren signifikant verbessert.

3.2 NLP Phasen

Es folgt eine Allgemeine Erklärung wie ein NLP Ablauf heute aussieht. Dabei wird jede der sechs Phasen kurz zusammengefasst und erläutert.

Bevor der Prozess beginnen kann, muss der Input, der zu verarbeiten ist, zu einer reinen Textdatei formatiert werden[11]. Dabei kann Handschriftliches digitalisiert oder Gesprochenes in Text umgewandelt werden (Speech-to-Text).

---

[8] Vgl. CrashCourse, 2017.
[9] Vgl. Computerlinguistik, 2001.
[10] Vgl. Kumar, Ela: Natural Language Processing (English Edition), New Delhi, Indien: IK International Publishing House, 2013.
[11] Vgl. Klofat, 2020.

Tokenisierung (Tokenizing) und Füllwortentfernung

In dieser Phase ist der Input im Idealfall ein reiner Text, wobei er immer noch Punkte, Kommas und Großschreibung enthält. Um den Text in seine einzelnen Bestandteile reduzieren zu können, muss sowohl Interpunktion als auch Groß- Kleinschreibung entfernt werden. Die verbliebenen Worte werden ab diesem Schritt Tokens genannt.

Bei der Füllwortentfernung werden alle Bindewörter, welche keinen Kontext Bezug haben, entfernt. Darunter fallen u.a. Wörter wie: auf, die, wir, sowie oder ein[12].

Morphologische Analyse

Bei der Morphologischen Analyse[13] (oder auch Stemming[2]) werden Wörter in Morpheme unterteilt und auf ihren Wortstamm reduziert. Freie Morpheme bleiben erhalten und gebundene Morpheme werden getrennt/aufgeteilt[14].

Freie Morpheme:	Gebundene Morpheme:
Hut, Stift, Glas, Wand	Freund, freund-lich, be-freund-en, Freund-lichkeit, Freund-schaft, an-freund-en

Syntax Analyse

Bei diesem Schritt werden die Tokens mit der entsprechenden Wortart (Nomen, Verben, Adjektive, etc.) versehen. Somit wird untersucht, ob ein Satz sinnfrei ist. Ein Beispiel wäre: „Die Pflanze verschenkt die Frau". Dieser würde als Syntaxfehler markiert und nach Grammatikregeln neuangeordnet werden[15].

Lexikalische und Semantische Analyse

Bei der lexikalischen Analyse wird in einem Lexikon nach der Bedeutung für das jeweilige Token gesucht und zugewiesen. Bei der semantischen Analyse können Mittel wie Name-Entity-Recognition genutzt werden, um Marken oder Eigennamen auszufiltern. Demnach wird hier klar, ob es sich bei den Tokens um z.B. Orte, Personen, Mengenangaben oder Unternehmen handelt[16].

Praktische und Diskurs Analyse

Die pragmatische Analyse geht einen Schritt weiter als die semantische. Hierbei werden Sätze, welche mehrere Bedeutungen haben können, noch einmal untersucht. Der Satz „Folge

---

[12] Vgl. Klofat, 2020.
[13] Vgl. Kumar, 2013.
[14] Vgl. Morpheme in Deutsch | Schülerlexikon | Lernhelfer, o. J.
[15] Vgl. Natural Language Processing - Quick Guide - Tutorialspoint, o. J.
[16] Vgl. edurekal, 2018.

dem Mann mit der Flagge" kann zwei Bedeutungen haben. Hält der Mann die Flagge oder soll man ihm mit einer Flagge folgen? Die praktische Analyse entscheidet sich für eine dieser Bedeutungen[17].

3.3 NLP Anwendungen

Jeder hat mal unwissentlich Natural Language Processing genutzt. Obwohl NLP nicht vielen ein Begriff ist, wird es z. B. benötigt, um Texte, Websites oder Social Media Posts mit MT in verschiedene Sprachen zu übersetzten. Texte oder Bücher werden mithilfe von Automatic Summarization[18] (automatische Zusammenfassung) durch das Verstehen des Inhaltes zusammengefasst und verständlich kompakt formuliert. Bei der Text Categorization oder Classification[19] (Text Klassifizierung) werden vorher festgelegte Tags dem jeweiligen Text zugewiesen. Damit können die Texte automatisch organisiert, strukturiert und kategorisiert werden. Die womöglich bekanntesten Verwendungen von NLP sind neben dem MT Conversational Agents und Chatbots.

4. Conversational Interfaces

In diesem Abschnitt wird eine der ersten NLP Anwendungen aus den 1960er Jahren namens ELIZA vorgestellt.

In den Jahren 1966-1967 wurde am Massachusetts Institute of Technology (MIT) das Programm ELIZA von dem deutschen Informatiker und Professor Joseph Weizenbaum

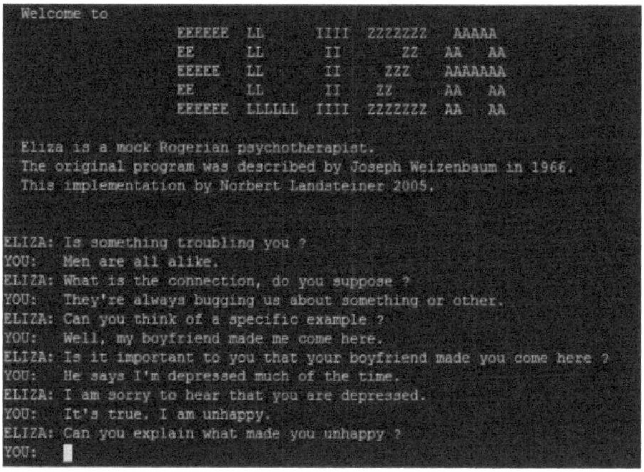

Abbildung 1: ELIZA Chatverlauf

---

[17] Vgl. Natural Language Processing - Quick Guide - Tutorialspoint, o. J.
[18] Vgl. Torres-Moreno, 2014.
[19] Vgl. Guide to Text Classification with Machine Learning: in: MonkeyLearn, [online] https://monkeylearn.com/text-classification/ [21.02.2021].

entwickelt. Das Programm soll einen Psychotherapeuten (Carl Rodgers) nachahmen. Ziel von Weizenbaum war es, dass Menschen, die mit ELIZA chatten, das Gefühl haben, mit einem echten Psychotherapeuten zu reden[20]. Das Programm basierte auf eine Schlüsselwort Analyse. Dabei muss ELIZA nicht den Kontext verstehen, sondern nur auf vorab festgelegte Wörter reagieren[21].

Moderne Ansätze basieren hingegen auf Machine Learning. Dabei werden echte Gesprächsverläufe von echten Nutzer:innen verwendet, um die KI zu trainieren. Je mehr verschiedene Szenarien trainiert werden, auf desto mehr Situationen kann der Chatbot reagieren und dem Menschen bei z.B. einem Problem helfen oder spezielle Fragen beantworten.

4.1 Chatbots Intelligenzstufen

Die Fähigkeiten von Chatbots können in mehrere Level unterteilt werden. Genau wie bei der künstlichen Intelligenz gibt es auch bei Chatbots unterschiedliche Fähigkeitsstufen (hier auch Intelligenzstufen genannt).

Level 1: keine Autonomiestufe

Diese Stufe würde eine Mensch zu Mensch Konversation darstellen, die keinerlei künstlicher Intelligenz bedarf[22].

Level 2: Traffic Bots

Als Traffic-Bot wird ein Chatbot bezeichnet, welcher als Begleitung durch einen Prozess dargestellt wird. Dabei gibt es keine Konversation, sondern nur ein eine Art Überwachung[23].

Level 3: Regelbasierte oder FAQ Bots

Wie das Programm ELIZA gibt es die Regelbasierten und FAQ Chatbots. Bei dieser Art handelt es sich lediglich um eine Frage und Antwort Konversation, wobei das Programm den Input auf Schlüsselwörter analysiert und darauf mit den hinterlegten Antwortmöglichkeiten reagiert[24].

---

[20] Vgl. Katzlberger, 2021.
[21] Vgl. Kumar, 2013, S. 11.
[22] Vgl. AtlasRTX, 2020.
[23] Vgl. Kumar, 2013, S. 11.
[24] Vgl. Stephan, 2018.

Level 4: Autonomer Chatbot

Ein wenig fortgeschrittener sind Chatbots, welche auf bereits gespeicherte Daten zurückgreifen können. Zudem ist es für den Chatbot möglich, den Input soweit zu analysieren, dass dieser die Stimmung seines Gegenübers einschätzen und darauf reagieren kann. Auch ist es diesem Chatbot möglich, komplexe Fragen zu verstehen[25].

Level 5: Externe Datenverwendung

Ein Schritt weiter gehen die Chatbots, welche zudem noch auf externe Daten zugreifen können. Ein Beispiel hierfür wären Finanz-Bots, welche Zugriff auf Aktienkurse haben[26].

Level 6: Virtual Assistant

Zuletzt gibt es noch Programme welche völlig mit künstlicher Intelligenz ausgestattet sind. Dies beinhaltet z.B. Smart Assistenten, welche maschinelles Lernen und NLP verwenden. Diese könnten in der Zukunft auch dazu fähig sein, ein flüssiges Gespräch zu führen, sich Konversationen zu merken und komplexere Aufgaben für ihr Gegenüber zu erledigen[27]. Letzteres wurde 2018 mit Google Duplex vorgestellt[28]. Dabei wurde gezeigt, wie der Google Assistant Telefonate mit einem Friseursalon oder einem Restaurant geführt hat und dazu in der Lage war, Termine zu vereinbaren. Besonders interessant zu hören waren die Nutzungen von Pausen und Verzögerungslauten wie „Mm-hmm". Diese waren so überzeugend, dass die jeweiligen Mitarbeiter:innen nicht skeptisch wurden und keinen Unterschied zu einem normalen Telefonat entdecken konnten.

4.2 Chatbots im Kundenservice

Die Motivation der Unternehmen, sich Chatbots anzulegen, ist auf das Bedürfnis zurückzuführen, sich auf allen Kommunikationskanälen (insbesondere auf den Websites) den Nutzer:innen anzupassen. Viele Kapazitäten gehen vor allem auch in die mobilen Versionen[29]. Alleine in den letzten fünf Jahren ist die Nutzung der mobilen Versionen um 22% gestiegen, die Desktopnutzung ist hingegen im gleichen Zeitraum um 19% gesunken[30].

Zusätzlich ist es wichtiger geworden die Benutzerfreundlichkeit der mobilen Versionen zu verbessern. Benutzerflächen werden intuitiv und einfach gestaltet, um den Joy of Use zu

---

[25] Vgl. Zahn, 2019.
[26] Vgl. Zahn, 2019.
[27] Vgl. AtlasRTX, 2020.
[28] Vgl. Katzlberger, 2018.
[29] Vgl. Barricelli et al., 2018.
[30] Vgl. Desktop vs Mobile vs Tablet Market Share Germany, o. J.

fördern. Auch haben sich die Marketingstrategien verändert. Im Vergleich waren diese z.B. in den 70er Jahren eher produktzentriert. Heute ist das Image und die Ethik des Unternehmens sowie der Umgang mit den Kund:innen wichtiger. Wenn Kund:innen das Unternehmen unterstützen und sich dabei wohlfühlen, ist es wahrscheinlicher, dass diese Loyalität zeigen und nachhaltig Kunde bleiben[31]. Auch sind Chatbots hilfreich, um die Kommunikation zwischen Kunde und Unternehmen zu erleichtern. Die Anwendung ist im Gegensatz zum E-Mail- oder Telefon-Support einfacher, schneller und vor allem ohne Wartezeiten verwendbar. Trotz vieler Vorteile betrachten Kund:innen hierzulande den nicht-menschlichen Support immer noch skeptisch. In einer Umfrage aus dem Jahr 2018 mit 1.164 Befragten (18-64 Jahre) wurde folgende Frage gestellt: „Können Sie sich ganz allgemein vorstellen, mit einem "Chatbot" zu kommunizieren?" Insgesamt 60% haben mit „Auf gar keinen Fall" oder „Eher Nein" geantwortet, dabei bestanden 20,6% alleine aus den über 45-Jährigen. Nur insgesamt 27% haben mit „Auf jeden Fall" oder „Eher Ja" geantwortet, wobei 20,1% zwischen 18 und 44 Jahre alt waren[32]. Daraus ist zu erkennen, dass obwohl die Bereitschaft mit Chatbots zu kommunizieren allgemein nicht sehr hoch ist, die jüngeren Generationen trotzdem Interesse zeigen und durch Aufklärung und Förderung Chatbots möglicherweise eine gute Chance haben als gängiges Kommunikations- oder Supportmittel genutzt zu werden. Zudem wurde auch folgende Frage gestellt: „Wie zufrieden waren Sie mit diesem Kontakt?" (in Bezug auf Erfahrungen mit Chatbots). Die Antworten fielen, im Gegensatz zur Bereitschaft, gut aus. So antworteten 64% der Befragten mit „(Eher) Zufrieden". Daraus lässt sich schließen, dass obwohl die Bereitschaft zur Nutzung niedrig ist, die Erfahrungen es wert sind, sich auf dem Gebiet weiterzuentwickeln. So kann das Stigma rund um künstliche Intelligenz und Chatbots aufgearbeitet werden[33].

Vorteile und potenzielle Nachteile von Chatbots

Chatbot sind dazu in der Lage gerade im Bereich des Kundenservice schnell viele Kund:innen zu betreuen. So werden lange Wartezeiten, schlechte Launen und überforderte Mitarbeiter:innen vermieden. Bots haben Zugang zu Datenbanken und können, solange genug Serverkapazität besteht, eine Mehrzahl an Besuchern gleichzeitig betreuen, deren Fragen beantworten, IT-Probleme lösen, Produkte empfehlen und diese dann bestellen. Gerade im Hotel-Business kann ein sog. "Virtual Concierge" alle Fragen zu Ankunft, Services oder Uhrzeiten beantworten. Dies ist nicht nur effizient, sondern auch günstiger.

---

[31] Vgl. Barricelli et al., 2018.
[32] Vgl. YouGov | What the world thinks, 2018.
[33] Vgl. dynata, 2020.

Währenddessen gibt dies den Mitarbeiter:innenn die Möglichkeit, sich auf speziellere und kompliziertere Fragen zu konzentrieren[34].

Zudem ermöglichte Facebook 2016 mit seinem Start-up-Programm „FbStart", Unternehmen und Entwicklern eigene Chatbots im Messenger einzubauen. In den ersten sieben Monaten wurden 33.000 Chatbots rund um Bezahlungen, Rechnungen, Nachrichten- und Wetterdienste und Bestellbestätigungen entwickelt[35]. Dabei blieb es jedoch nicht, denn im Mai 2018 waren es 300.000[36].

Neben den genannten Vorteilen gehen solche Anwendungen mit gewissen Hindernissen einher, welche möglicherweise für die niedrige Bereitschaft verantwortlich sind. Bei einer Umfrage aus dem Jahr 2017 wurden 1.005 Menschen ebenfalls zur Bereitschaft im Umgang mit Chatbot befragt. Die, die keine oder wenig Bereitschaft zeigten, wurden daraufhin befragt, weswegen sie diese Meinung vertreten. Insgesamt 54% der Befragten bezweifelten, dass ihr Anliegen zuverlässiger bearbeitet werden könne als zuvor, 49% schilderten, dass sie den Antworten nicht vertrauen könnten und 63 % wollten schlicht und einfach nicht mit Computern kommunizieren[37].

Es ist absehbar, dass Benutzer sich in Fällen von Missverständnissen, Umständlichkeiten, ungenügenden Ergebnissen oder schlecht konzipierten Bots gegen solche Anwendungen aussprechen und diese ablehnen. Zudem kann auch das Alter eine Rolle spielen, wobei grundsätzlich die Einführung von neuer Technik abgelehnt oder als unseriös angesehen wird. Bereits verärgerte Nutzer:innen, welche persönlichen Support brauchen, könnten negativ auf unwirksame Hilfe reagieren. Dies hat möglicherweise negative Folgen auf die Loyalität des Kunden, was zum Verlust oder zum Wechsel zu einem Konkurrenten führen kann[38].

„Vizions"

Im nächsten Abschnitt folgt eine kurze Erläuterung, wie die Entwicklung eines Kundensupport Chatbots aussehen kann (am Beispiel von „Vizions". Ein Bot für ein Zalando Event).

Das Modeunternehmen Zalando hielt das „Vizions" Event, um eine neue Plattform vorzustellen. Für das Event sollte ein Chatbot konzipiert werden, um ungeklärte Fragen so angenehm wie möglich beantworten zu können. Darunter fielen z.B. Fragen zu Vortragszeiten, Raumnummern oder Stockwerken, Standorte der Toiletten, zum WLAN-Passwort oder zu nebensächlichen Informationen wie dem Standort der Garderobe. Außerdem sollte vermieden werden, sich eine zusätzliche App runterladen zu müssen, weswegen sich die

---

[34] Vgl. Hassan, 2019.
[35] Vgl. Facebook - Meld je aan of registreer je, o. J.
[36] Vgl. Johnson, 2018.
[37] Vgl. Bitcom Reasearch, 2017.
[38] Vgl. Barricelli et al., 2018.

Entwickler:innen dazu entschieden haben, den Chatbot in den Messenger-Dienst „Slack"
einzuarbeiten. In der Recherchephase befassten sich die Entwickler:innen mit den
Funktionen, die die Anwendung haben sollte. Nach einer Umfrage wurde festgelegt, worauf
die Nutzer:innen vermehrt Wert gelegt haben. Darunter, mit 98% der Vortragsplan, mit 56%
die Raumverteilung und Informationen über die Sprecher der Veranstaltung.

In der Abbildung ist ein Task Flow zu sehen. Dabei handelt es sich um eine Darstellung von
allen möglichen Gesprächsverläufen. Darauf ist zu erkennen, wie der Chatbot mit den
Nutzer:innen interagiert und welche Pfade ohne menschliche Hilfe möglich sind. Ebenfalls ist
zu sehen, dass, falls der Chatbot bei spezifischen Fragen nicht weiterhelfen kann, die
Nutzer:innen gefragt werden, ob diese zu Mitarbeiter:innen weitergeleitet werden möchte[39].

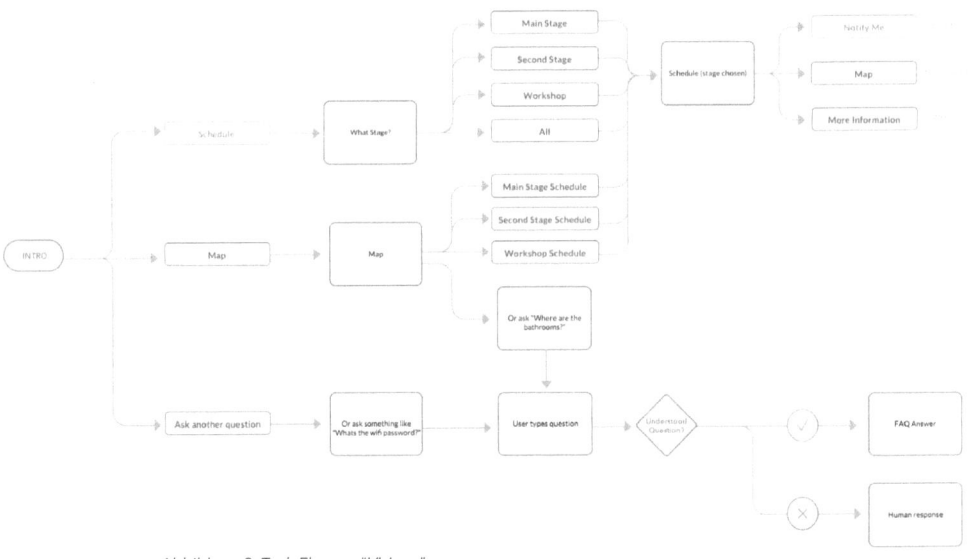

Abbildung 3: Task Flow zu "Vizions"

Besonders interessant, die KI des Bots wurde nicht nur mit Keywords, sondern auch mit
Sätzen trainiert. Einzelne Schlüsselwörter haben in den Tests zu Komplikationen geführt.
Wörter wie „Main Stage" kamen in verschiedenen Pfaden vor und eine einheitliche Antwort
hätte nicht funktioniert. Dieses Problem wurde umgangen, indem auf Fragen wie „Where is
the main stage?" oder „What ist the main stage schedule?" mit der Rückfrage „schedule or
map?" geantwortet wurde. Diese Reaktion verhinderte zu komplizierte Pfade und ermöglichte

---

[39] Vgl. Day, 2018.

eine effiziente Lösung. Auch wurde der Bot auf unterschiedliche Inputs zu vorhersehbaren Fragen vorbereitet wie in der nächsten Abbildung gezeigt.

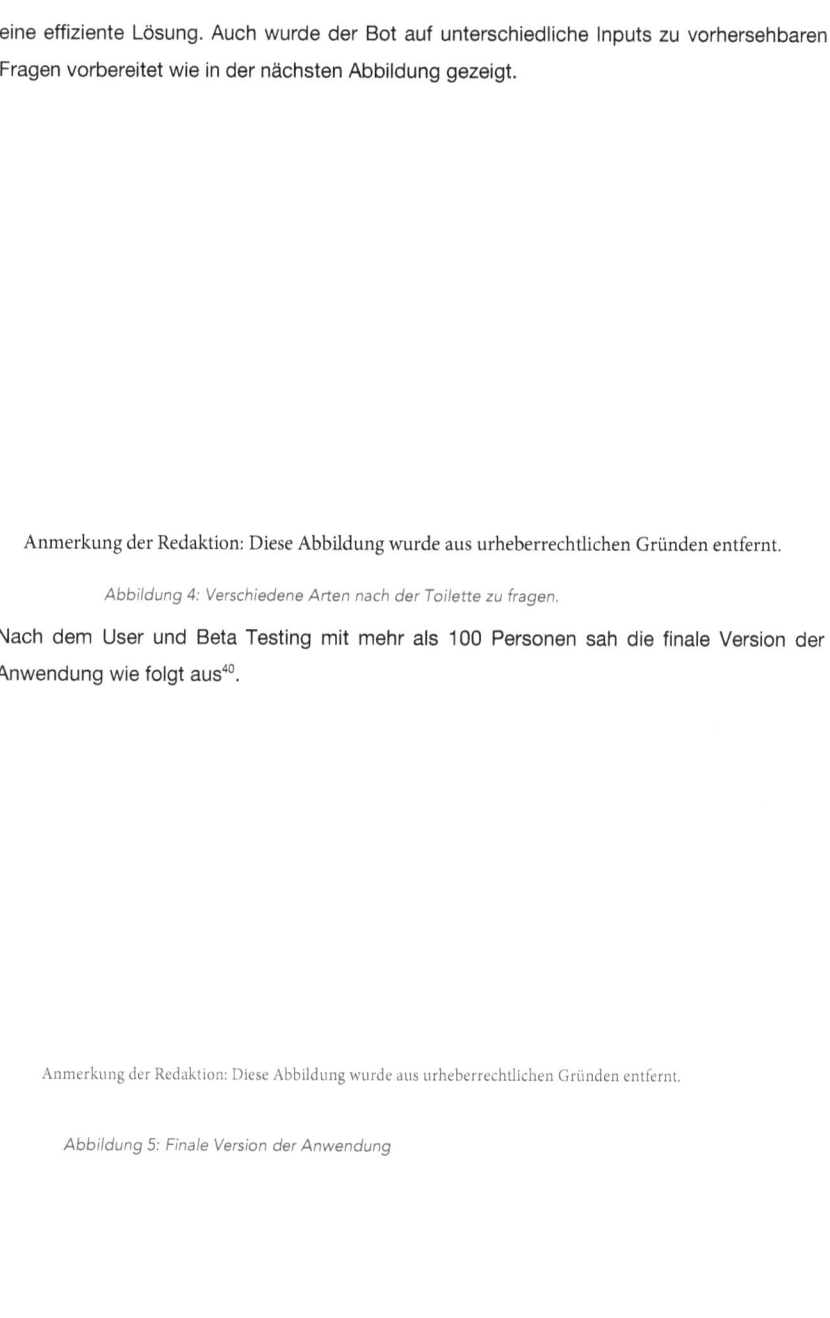

Anmerkung der Redaktion: Diese Abbildung wurde aus urheberrechtlichen Gründen entfernt.

Abbildung 4: Verschiedene Arten nach der Toilette zu fragen.

Nach dem User und Beta Testing mit mehr als 100 Personen sah die finale Version der Anwendung wie folgt aus[40].

Anmerkung der Redaktion: Diese Abbildung wurde aus urheberrechtlichen Gründen entfernt.

Abbildung 5: Finale Version der Anwendung

---

[40] Vgl. Day, 2018.

Bei der Nachbearbeitung kamen zusätzlich Statistiken zusammen wie z.B. die Erfolgsrate der Anwendung (98%), die durchschnittliche Nachrichtenanzahl pro User (28 Nachrichten) und die Anfragen mit Mitarbeiter:innen sprechen zu wollen, welche bei null lagen[41].

5. VUI und Smart Assistenten

5.1 VUI Definition

Ein weiterer Teil von Natural Language Processing ist die Speech Recognition bzw. das Speech Processing (SP). Zu bemerken ist, dass Spezialisten SP als eigenständiges Thema betrachten[42].

Bei der Speech Recognition handelt es sich um die Verarbeitung von Gesprochenem zu Text. Voice User Interfaces machen davon Gebrauch, damit Nutzer:innen mit Sprachassistenten wie Alexa, Siri oder dem Google Assistant kommunizieren können. Zudem gibt es noch die Stimmerkennung, welche für biometrische Sicherheitsanwendungen (u. a. für Sprach-Authentifizierung) genutzt werden kann. In dem Prozess wird eher weniger Wert auf den Kontext, sondern mehr auf die Frequenz der Stimme und das Muster gelegt[43].

Dieses Prinzip wird bereits von Google „Voice Match" genutzt. Ab Juni 2020[44] konnten englischsprachige Nutzer:innen ihrem Google Assistent beibringen, ihre Stimme mithilfe von Voice Match zu erkennen. Diese konnten sie dann mit einem Lautsprecher, Smart Display, oder intelligenten Wecker verknüpfen, um persönliche Ergebnisse per Sprachbefehl abzurufen. In einem Haushalt konnten bis zu sechs verschiedene Stimmen verknüpft werden[45].

5.2 Anwendung

In Deutschland gehört Google zwar zu den Top Sprachassistenten, steht jedoch nicht an der Spitze. In einer Umfrage aus dem Jahr 2019 wurden rund 1000 Menschen zum Besitz eines Smartassistenten befragt. Insgesamt 299 Menschen besitzen einen Virtual-Assistant, darunter 72% Amazon echo (Alexa), 30% Google Home und 15% Apple Home Pod (Siri). Bei der Frage, welche Funktion regelmäßig benutzt werden, war zu erkennen, dass die Nutzer:innen hauptsächlich Funktionen benutzen, in denen keine empfindlichen Daten weitergegeben werden müssen. Ein Beispiel dafür: die Mehrheit (41%) nutzte ihr Gerät, um Musik abzuspielen, um etwas zu recherchieren (35%), um das Wetter abzufragen (29%) und

---

[41] Vgl. Day, 2018.
[42] Vgl. Kumar, 2013, S. 21.
[43] Vgl. Voice and Speech Recognition, 2020.
[44] Vgl. Tobias: Tink News: Google Voice Match wird ausgeweitet 2020.
[45] Vgl. Google, o. J.

um Termine festzulegen oder Kontakte anzurufen (jeweils 18%). Im Vergleich dazu, haben nur 3-5% angegeben, sich Essen liefern zu lassen oder Produkte zu bestellen, 1-2% ein Hotel oder Flug zu buchen oder eine Versicherung abzuschließen und 2-5 % einen Beitrag in sozialen Medien zu veröffentlichen oder zu kommentieren. Demnach gilt, dass auch wenn die Bereitschaft ein Gerät zu nutzen besteht, es in der Praxis immer noch Hürden gibt, welche ein blindes Vertrauen und eine optimale Nutzung verhindern[46].

5.3 Vor- und Nachteile

Dies führt zu den Schwierigkeiten, welche mit Voice User Interfaces verbunden sind. Um die Nutzerbereitschaft zu steigern, müssen Sprachassistenten besser performen. Hier ist jedoch die Skepsis von deutschen Nutzer:innen ein Problem. Die Assistenten können nur mithilfe von großen Mengen persönlicher Daten trainiert werden. Dementsprechend steigt nicht nur die Qualität des Produktes, sondern auch der damit verbundene Eingriff in die Privatsphäre der Nutzer:innen. Dies führt zu Unsicherheiten und zu einer Grauzone im Bereich des Datenschutzes[47]. Bei einer Umfrage aus dem Jahr 2019 wurden 408 Nutzer:innen gefragt, warum sie keinen Sprachassistenten nutzen. Mehr als ein Drittel antworteten mit Datenschutzbedenken[48].

In der gleichen Umfrage waren die Befragten zusätzlich der Meinung, dass die Technik noch nicht ausgereift (18%) und ihnen der Umgang zu kompliziert (10%) sei. Grund dafür sind die vermehrten Schwierigkeiten vom jeweiligen Gerät verstanden zu werden oder eine richtige Antwort zu bekommen. Vermehrt wird der Dialog als ungenügend oder das Verhalten als unpassend gesehen. Manche Nutzer:innen sehen ihr Gerät als neutralen Assistenten und bevorzugen einen einfachen und direkten Dialog ohne menschliche Nuancen (wie Humor). Andere wünschen sich einen freundlichen sympathischen Gesprächspartner. Um dieses Problem zu meiden, sollte es in der Zukunft möglich sein, das Verhalten und die Persönlichkeit des Assistenten zu personalisieren[49].

Sollten sich in der Zukunft Lösungen für den Bereich des Datenschutz finden lassen, könnte dies bedeuten, dass sich mehr Nutzer:innen für den Kauf eines Gerätes entscheiden. Darunter profitieren dann nicht nur die Nutzer:innen, sondern auch die Weiterentwicklung und Optimierung der Anwendungen.

---

[46] Vgl. Baron, o. J.
[47] Vgl. M. Klein et al., 2020, S. 148.
[48] Vgl. Splendid Research, 2019.
[49] Vgl. Biermann et al., 2019.

Trotz einiger Nachteile gibt es genug positive Anwendungsbeispiele. Besonders im Bereich der Barrierefreiheit bieten VUI uneingeschränkte Nutzungen für Menschen mit kognitiven Behinderungen. Die Bedienung von Smartassistenten geschieht nur über Sprache und verzichtet auf die Nutzung von Sinnen wie Berührung oder Sicht. Dies ist für Sehbehinderte und für Menschen mit körperlichen Lähmungen. Im Jahr 2019 veröffentlichte Google eine YouTube-Dokumentation, in der das Zeitalter der künstlichen Intelligenz und dessen Verwendung vorgestellt wird. Darin wird Googles Spracherkennung mit Input von Menschen trainiert, welche von der Nervenkrankheit Amyotrophe Lateralsklerose (ALS) betroffen sind. Dabei leiden Erkrankte unter dem Abbau des motorischen Nervensystems, was zu Lähmungen und letztendlich zum Tod führt. Die Lähmung beeinträchtigt auch die Sprachfähigkeit. Im späteren Krankheitsverlauf wird es für Mitmenschen schwer, die Betroffenen zu verstehen. Durch das Trainieren der Spracherkennung kann die Anwendung Gesprochenes transkribieren und bei der Kommunikation helfen. Somit wird die Selbstständigkeit gefördert und die Lebensqualität (für wenige Monate) gesteigert[50].

Sprache gehört bei Menschen zu der natürlichsten Art der Kommunikation. Rund 7,5 Millionen Menschen in Deutschland leiden unter Analphabetismus oder einer Lese-/ Rechtschreibschwäche. Somit ist das Lesen im Alltag nicht möglich. Darunter zählen auch Nachrichten, E-Mails oder online Artikel. Anwendungen, wie die Sprachsuche von Google oder die Erstellung von Sprachnachrichten bei WhatsApp gehören zu VUI und können im Alltag helfen[51].

5.4 Virtuelle Lernhilfe

Bei der nächsten Anwendung werden NLP, Chatbots und Voice User Interfaces zusammenführt. Das Programm wurde dazu entwickelt, die Bereitschaft von Menschen (mit Migrationshintergrund in den USA) zu erhöhen, eine zweite Sprache zu erlernen. Dabei sollen nicht nur Fähigkeiten, sondern auch die Selbstständigkeit und das Selbstbewusstsein

Abbildung 6: Conversational Agent

gesteigert werden. Soziale Ängste, die durch sprachliche Hindernisse entstanden sind, werden so vermieden. Die Anwendung besteht aus einem virtuellen Gegenüber (siehe Abb. 5) in einem Restaurant, mit dem man sich unterhalten kann.

---

[50] Vgl. YouTube Originals, 2019.
[51] Vgl. Lindner et al., 2020.

Während der Entwicklung des Conversation Agents wurde sich auf ein heuristisches Modell zu Kommunikationsbereitschafft bezogen, welche wichtige Faktoren darstellt, die eine freiwillige Nutzung einer Zweitsprache fördern. Dem Modell ist zu entnehmen, dass die Motivation, frei zu sprechen, auf einer Kombination aus Selbstbild, Selbstsicherheit und einem gübten Anlass basiert. Ist die gegebene Situation ungewohnt oder der Sprecher ungeübt, steigt die Unsicherheit und der Mut sinkt[52].

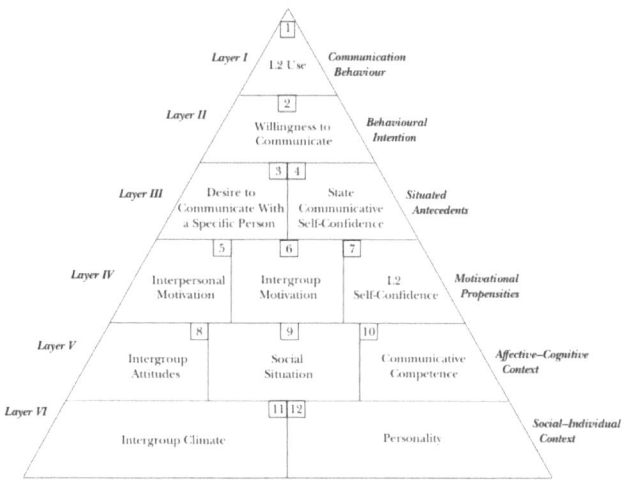

Abbildung 8: Heuristisches Modell zur Kommunikationsbereitschaft von Menschen mit einer Zweitsprache

In dem folgenden System ist der Aufbau des Dialog Flows zu sehen, welches einem Task Flow (siehe Abb. 2) ähnelt. Es wird erklärt, wie der Conversational Agent mit Schwächen bzw. Unsicherheiten von dem Lernenden umgeht. Dabei gibt es vier affektive Rückmeldungen, welche bei Misserfolg vom Agent genutzt werden. Darunter Bestätigung, Ermutigung, Empathie und Lob. Zudem ist es dem Computer möglich zu erkennen, ob die Nutzer:innen die Aufgabe verstanden haben aber nicht wissen, wie sie antworten sollen (UNA) oder ob die Nutzer:innen weder die Aufgabe verstanden haben noch wissen wie sie antworten sollen (NUNA). Besonders bei diesem System ist, dass der Computer in beiden Fällen reagiert. Sollten die Nutzer:innen nichts sagen, prüft der Computer, ob die Frage verstanden wurde. Wenn sie verstanden wurde, versucht der Computer Lösungsvorschläge zu machen. Wurde

[52] Vgl. Ayedoun et al., 2015.

sie nicht verstanden, reagiert der Computer mit einer Wiederholung oder einer Vereinfachung der Frage[53].

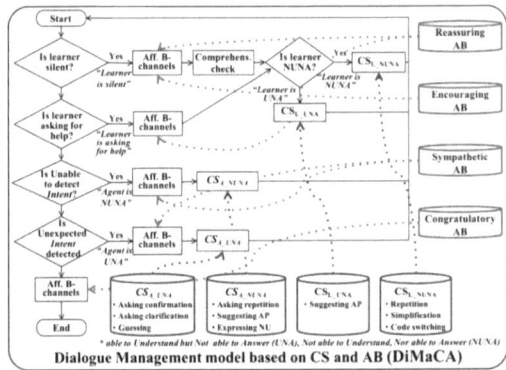

Abbildung 10: Dialog zwischen Nutzer:innen und Agent

Abbildung 11: Dialog Flow

Diese Art von Rückmeldung und empathischem Zuspruch, macht die Virtuelle Lernhilfe nachhaltig und bei regelmäßiger Nutzung effektiv. Nutzer:innen können ohne jegliches Schamgefühl oder Einschüchterung an ihren Fähigkeiten arbeiten und im Umgang mit einer Fremdsprache sicherer werden[54].

5.5 Perspektive

Heute sind Voice User Interfaces noch sehr technisch, der Umgang mit ihnen wenig intuitiv und noch mit einigen Hindernissen verbunden. Smartassistenten müssen mit Befehlen aktiviert werden, bevor mit ihnen gesprochen werden kann. Zudem sind die Funktionen, welche der Mehrheit der Nutzer:innen zur Verfügung stehen (z.B. „Frage und Antwort") zu komplexeren Abläufen (vollständigen Konversationen), ausbaufähig.

---

[53] Vgl. Ayedoun et al., 2018.
[54] Vgl. Ayedoun et al., 2018.

6. Fazit

Die Verarbeitung von natürlicher Sprache ist ein sehr komplexes Themengebiet mit einer relativ langen Geschichte, die den Wunsch erfüllt, mit Computern kommunizieren zu können. Die Verwendung von Chatbots ist eine effektive Bereicherung für viele Vertriebsformen und schützt vor Überarbeitung Angestellter. Spracherkennungen ermöglichen nahezu barrierefreie Kommunikationsformen zwischen Nutzer:innen und Smartassistenten. Wir sind dazu in der Lage ein Stückchen Zukunft in unseren Wohnzimmern zu halten und Teil von der Weiterentwicklung zu sein. Maschinen werden vermehrt Eigenschaften von Menschen erlernen und uns damit hoffentlich in ein effizienteres Zeitalter bringen.

Ich bin davon überzeugt, dass der Gebrauch von Smartassistenten nicht nur auf persönliche Butler oder Support-Assistenten beschränkt ist. Ich bin gespannt zu sehen, wie sich solche Technologien auf dritte Welt Länder auswirken und wie damit eine vielversprechendere Zukunft gestaltet werden kann.

In der vorliegenden Hausarbeit habe ich mich mit drei Teilbereichen von künstlicher Intelligenz beschäftigt. Es war spannend zu sehen, welche Effekte die untersuchten Prozesse auf unsere Leben haben. Ich möchte mich umfangreicher mit der Thematik beschäftigen und mehr meiner Zeit unserer Zukunft widmen.

7. Anhang

7.1 Abbildungsverzeichnis

Abb. 1:
ELIZA in: Wikipedia, 14.09.2002, [online] https://de.m.wikipedia.org/wiki/ELIZA [27.02.2021].

Abb. 2, 3, 4:
Day, Jaycee: How we got a 98% success rate for our bot for Zalando — A UX case study, in: Medium, 15.08.2018, [online] https://chatbotsmagazine.com/how-we-got-a-98-success-rate-for-our-bot-for-zalando-a-ux-case-study-fcdc0e70469d [27.02.2021].

Abb. 5, 7, 8:
Ayedoun, Emmanuel/Yuki Hayashi/Kazuhisa Seta: Adding Communicative and Affective Strategies to an Embodied Conversational Agent to Enhance Second Language Learners'Willingness to Communicate, 2018, doi: 10.1007/s40593-018-0171-6.

Abb. 6:
MacIntyre, Peter D./Zoltán Dörnyei/Richard Clément/Kimberly A. Noels: Conceptualizing Willingness to Communicate in a L2: A Situational Model of L2 Confidence and Affiliation, 82(4)., 1998, doi: 10.2307/330224.

7.2 Literaturverzeichnis

Ayedoun, Emmanuel/Yuki Hayashi/Kazuhisa Seta: A conversational agent to encourage willingness to communicate in the context of english as a foreign language, 2015, doi: 10.1016/j.procs.2015.08.219.

Ayedoun, Emmanuel/Yuki Hayashi/Kazuhisa Seta: Adding Communicative and Affective Strategies to an Embodied Conversational Agent to Enhance Second Language Learners'Willingness to Communicate, 2018, doi: 10.1007/s40593-018-0171-6.

Barricelli, Barbara Rita/Stefano Valtolina/Serena Di Gaetano/Pietro Diliberto: Chatbots and Conversational Interfaces: Three Domains of Use, 2018, [online] http://ceur-ws.org/Vol-2101/paper8.pdf.

Biermann, Maresa/Evelyn Schweiger/Martin Jentsch: Talking to Stupid?!? Improving Voice User Interfaces, 2019, doi: 10.18420/muc2019-up-0253.

Kumar, Ela: Natural Language Processing (English Edition), New Delhi, Indien: IK International Publishing House, 2013.

M. Klein, Andreas/Andreas Hinderks/Maria Rauschenberger/Jörg Thomaschewski: Exploring Voice Assistant Risks and Potential with Technology-based Users, 2020, doi: 10.5220/0010150101470154.

Torres-Moreno, Juan-Manuel: Automatic Text Summarization, Hoboken, NJ, Vereinigte Staaten: Wiley, 2014.

7.3 Quellenverzeichnis

Artificial Intelligence - Quick Guide - Tutorialspoint: in: Tutorialspoint Artificial Intelligence, [online]https://www.tutorialspoint.com/artificial_intelligence/artificial_intelligence_quick_guide.htm [28.02.2021].

AtlasRTX: Chatbot Levels of Autonomy, in: YouTube, 13.08.2020, [online] https://www.youtube.com/watch?v=k_gbxsvvJZs [10.02.2021].

Bitcom Reasearch: Warum wollen Sie keine Chatbots nutzen?, in: Bitcom, 01.2017, [online] https://bitcom.org [28.01.2021].

Computerlinguistik: in: Wikipedia, 07.09.2001, [online] https://de.wikipedia.org/wiki/Computerlinguistik [27.02.2021].

CrashCourse: Natural Language Processing: Crash Course Computer Science #36, in: YouTube, 22.11.2017, [online] https://www.youtube.com/watch?v=fOvTtapxa9c [23.02.2021].

Day, Jaycee: How we got a 98% success rate for our bot for Zalando — A UX case study, in: Medium, 15.08.2018, [online] https://chatbotsmagazine.com/how-we-got-a-98-success-rate-for-our-bot-for-zalando-a-ux-case-study-fcdc0e70469d [27.02.2021].

Desktop vs Mobile vs Tablet Market Share Germany: in: StatCounter Global Stats, [online] https://gs.statcounter.com/platform-market-share/desktop-mobile-tablet/germany/2015 [25.02.2021].

dynata: E-Commerce-Trends 2020: Millennials treiben Innovationen voran, in: Idealo, 20.01.2020, [online] https://www.idealo.de/unternehmen/pressemitteilungen/ecommerce-trends-2020/ [27.02.2021].

edureka! Natural Language Processing In 10 Minutes | NLP Tutorial For Beginners | NLP Training | Edureka, in: YouTube, 16.10.2018, [online] https://www.youtube.com/watch?v=5ctbvkAMQO4 [25.02.2021].

ELIZA: in: Wikipedia, 14.09.2002, [online] https://de.m.wikipedia.org/wiki/ELIZA [27.02.2021].

Facebook - Meld je aan of registreer je: in: Facebook, [online] https://www.facebook.com/unsupportedbrowser [25.02.2021].

Google: Die Stimme per Voice Match mit Google Assistant-Gerät verknüpfen - Android-Gerät - Google Assistant-Hilfe, in: Support Google, [online] https://support.google.com/assistant/answer/9071681?co=GENIE.Platform%3DAndroid&hl=de [27.02.2021].

Guide to Text Classification with Machine Learning: in: MonkeyLearn, [online] https://monkeylearn.com/text-classification/ [21.02.2021].

Hassan, Zubair: Which Type of Chatbot will have a Positive Impact on Your Business?, in: ReadWrite, 03.02.2019, [online] https://readwrite.com/2019/02/14/which-type-of-chatbots-will-have-a-positive-impact-on-your-businesses/ [26.02.2021].

Johnson, Khari: Facebook Messenger passes 300,000 bots, in: VentureBeat, 01.05.2018, [online] https://venturebeat.com/2018/05/01/facebook-messenger-passes-300000-bots/ [27.02.2021].

Katzlberger, Michael: ELIZA, der erste Chatbot der Welt. Jetzt ausprobieren!, in: Artificial Creativity, 03.01.2021, [online] https://katzlberger.ai/2018/08/31/eliza-der-erste-chatbot/ [24.02.2021].

Katzlberger, Michael: Hat die Google Duplex KI gerade den Turing Test bestanden?, in: Artificial Creativity, 24.09.2018, [online] https://katzlberger.ai/2018/05/10/hat-die-google-duplex-ki-gerade-den-turing-test-bestanden/ [25.02.2021].

Klofat, Aleksandra: Wie funktioniert Natural Language Processing in der Praxis? Ein Überblick, in: Data Science Blog, 24.01.2020, [online] https://data-science-blog.com/blog/2020/01/24/wie-funktioniert-natural-language-processing-in-der-praxis-ein-uberblick-dr-aleksandra-klofat/ [25.02.2021].

Lindner, Andrea/Christa Roth/Marlene Thiele: Analphabetismus: Tricksen, um nicht aufzufallen, in: Sagwas.net, 11.05.2020, [online] https://sagwas.net/analphabetismus-tricksen-um-nicht-aufzufallen/ [28.02.2021].

Machine Learning - Quick Guide - Tutorialspoint: in: Tutorialspoint Machine Learning, [online]https://www.tutorialspoint.com/machine_learning/machine_learning_quick_guide.htm [27.02.2021].

Morpheme in Deutsch | Schülerlexikon | Lernhelfer: in: Lernhelfer, [online] https://www.lernhelfer.de/schuelerlexikon/deutsch/artikel/morpheme [25.02.2021].

Natural Language Processing - Quick Guide - Tutorialspoint: in: Tutorialspoint, [online] https://www.tutorialspoint.com/natural_language_processing/natural_language_processing_quick_guide.htm [26.02.2021].

Reporter, Guardian Staff: Alan Turing: „I am building a brain." Half a century later, its successor beat Kasparov, in: the Guardian, 22.02.2017, [online] https://www.theguardian.com/uk/the-northerner/2012/may/14/alan-turing-gary-kasparov-computer [04.01.2021].

Splendid Research: Studie - Digitale Sprachassistenten und Smartspeaker 2019, in: Splendid Research, 2019, [online] https://www.splendid-research.com/de/studie-digitale-sprachassistenten.html [25.02.2021].

Stephan, Sebastian: Die Arten von Chatbots, in: Arvato Systems Cloud Blog, 16.05.2018,
[online] https://cloud-blog.arvato.com/die-arten-von-chatbots/ [10.02.2021].

Tobias: Tink News: Google Voice Match wird ausgeweitet, in: NEXT by tink, 29.07.2020,
[online] https://www.tink.de/blog/tink-news-google-voice-match-wird-ausgeweitet/
[27.02.2021].

Voice and Speech Recognition: in: FindBiometrics, 02.01.2020, [online]
https://findbiometrics.com/solutions/voice-speech-recognition/ [27.02.2021].

WBF: Was ist Künstliche Intelligenz?, in: WFB, 22.04.2020, [online] https://www.wfb-
bremen.de/de/page/stories/digitalisierung-industrie40/was-ist-kuenstliche-
intelligenz-definition-ki [02.01.2021].

Weber, Robert: Chatbot Beispiele: Insights zu Marketing, Service, Kundenservice, in:
Moin.ai, 08.10.2019, [online] https://www.moin.ai/blog/chatbot-beispiele
[26.02.2021].

YouGov | What the world thinks: in: yougov, 18.06.2018, [online]
https://yougov.de/opi/surveys/results/#/survey/4ad1e9ca-72c3-11e8-9f62-
a567b5051a6d/question/9cf967fc-72c3-11e8-9f62-a567b5051a6d/toplines
[27.02.2021].

YouTube Originals: Healed through A.I. | The Age of A.I., in: YouTube, 18.12.2019, [online]
https://www.youtube.com/watch?v=V5aZjsWM2wo&t=1220s [03.01.2021].

Zahn, Angela: Die Intelligenzstufen von ChatbotsReachX GmbH Online Marketing Agentur
Frankfurt Deutschland, in: ReachX GmbH Online Marketing Agentur Frankfurt
Deutschland | Online Marketing Agentur fÃ¼r SEO, SEA, Inbound Marketing,
Content Marketing, 16.07.2019, [online] https://www.reachx.de/die-intelligenzstufen-
von-chatbots/ [25.02.2021].